工会工作知识题库系列丛书

U0866477

工会经审工作知识题库

学习强会 编

中国工人出版社

图书在版编目（CIP）数据

工会经审工作知识题库 / 学习强会编 . —
北京：中国工人出版社，2023.6
ISBN 978-7-5008-8202-2

Ⅰ . ①工…　Ⅱ . ①学…　Ⅲ . ①工会工作 - 财务审计 - 中国 - 干部培训 - 习题集　Ⅳ . ① D412.67-44

中国国家版本馆 CIP 数据核字（2023）第 099629 号

工会经审工作知识题库

出 版 人　董　宽
责任编辑　王晨轩　罗荣波
责任校对　张　彦
责任印制　栾征宇
出版发行　中国工人出版社
地　　址　北京市东城区鼓楼外大街45号　邮编：100120
网　　址　http://www.wp-china.com
电　　话　（010）62005043（总编室）
　　　　　（010）62005039（印制管理中心）
　　　　　（010）62382916（工会与劳动关系分社）
发行热线　（010）82029051　62383056
经　　销　各地书店
印　　刷　北京市密东印刷有限公司
开　　本　787毫米×1092毫米　1/32
印　　张　3.625
字　　数　50千字
版　　次　2023年7月第1版　2023年7月第1次印刷
定　　价　16.00元

目 录
CONTENTS

单项选择题

扫码闯关答题

1. 工会经审工作是工会工作的重要组成部分，也是（　）的重要组成部分。

A. 国家经济监督　　B. 国家经济社会发展计划

C. 国家经济政策　　D. 宏观经济政策

2. 在社会主义市场经济条件下，工会的经济活动都要接受（　）的审查监督。

A. 财务部门　　B. 工会经审会

C. 全国总工会　　D. 资产部门

3. 加强工会经审工作，是工会依法治会，贯彻工会经费（　）的客观要求。

A. 监督原则　　B. 透明原则

C. 独立原则　　D. 统一管理

4. 加强工会经审工作，是对工会经费收支和资产管理实行（　）和审计监督的有效途径。

A. 民主决策　　B. 民主监督

C. 民主管理　　D. 民主参与

5. 加强工会经审工作，是加强工会（　）的重要措施。

A. 民主管理　　B. 自律廉洁

C. 行为规范　　D. 自身监督

6. 工会经费是工会组织贯彻实施工运方针，履行工会社会职能，发展工运事业的（　）。

A. 物质保障　　B. 经济基础

C. 经济保障　　D. 物质基础

7. 工会经费的使用、资产管理和所属企事业单位的经济活动都要接受会员群众的（　）。

A. 审查监督　　B. 调查核实

C. 调查询问　　D. 检查管理

8. 各级工会经审会依据《工会法》《审计法》《中国工会章程》《中国工会审计条例》等法律法规，依法依规履行监督职责，对工会经费、资产管理等全部经济活动的真实性、合法性与（　）实施审查审计监督。

A. 效益性　　B. 准确性

C. 关联性　　D. 可靠性

9. 各级工会经费收支情况应当由（　）审查。

A. 同级工会经审会　　B. 同级工会委员会

C. 上级工会经审会　　D. 工会常委会

10. 各级工会经费收支情况定期向（　）报告，接受监督。

A. 全国总工会

B. 县级以上地方人民政府

C. 工会党组

D. 工会会员大会或者会员代表大会

11. 经审会应当与（　）同时考察、同时报批、同时选举产生。

A. 上级工会委员会　　B. 党组成员

C. 同级工会委员会　　D. 工会主席

12. 工会经审工作的性质包括群众性、（　）和权威性。

A. 独立性　　B. 民主性

C. 公开性　　D. 合法性

13. 工会经审工作的独立性，是工会经审工作的（　），与工会经费独立的原则相一致。

A. 社会属性　　B. 本质属性

C. 政治属性　　D. 经济属性

14. 各级工会经审会受会员大会或会员代表大会的委托，代表（　）对工会经费和资产管理进行审查监督，并对会员大会或会员代表大会负责。

A. 工会委员会　　B. 全国总工会

C. 全国总工会经审会　　D. 会员群众

15. 工会经审工作的（　），取决于经审组织代表广大会员群众利益，由法律法规和相关制度的刚性约束而实施审查审计，并有着科学的标准和严谨的操作程序。

A. 权威性　　B. 群众性

C. 独立性　　　　　D. 公开性

16. 各级工会经审会由（　）选举产生。

A. 上级工会委员会

B. 同级工会会员大会或会员代表大会

C. 上级工会会员大会或者会员代表大会

D. 同级工会委员会

17. 建立严密科学的工会经费及资产管理和监督的体制，既包括财务、资产部门的专业管理，又包括经审组织的（　），两者是不可分割的有机整体。

A. 民主监督　　　　　B. 审查监督

C. 询问监督　　　　　D. 纪检监督

18. 工会经审会的审查监督具有（　），只要成立工会组织并独立管理经费就必须依法建立经费审查监督制度、成立经审组织并开展经费审查监督工作。

A. 法定性和强制性　　　B. 专业性和民主性

C. 合法性和民主性　　　D. 权威性和公开性

19. 工会经审工作通过（　）的有机结合，推动工会经费应收尽收，促进经费使用的科学决策。

A. 审、追、促　　B. 审、帮、促

C. 审、改、办　　D. 审、纠、察

20. 开展工会经审工作是工会依法维权、依法治会的（　）。

A. 唯一手段　　B. 根本手段

C. 唯一途径　　D. 重要途径

21. 坚持依法维权、依法治会，是在社会主义市场经济条件下开创工会工作新局面的（　）。

A. 唯一保障　　B. 唯一途径

C. 有力保证　　D. 合法途径

22. 加强工会经审工作，是工会依法维权的（　）。

A. 重要内容和有效手段

B. 合法途径和首要任务

C. 主要途径和唯一手段

D. 唯一途径和首要任务

23. （　）是指工会经审会通过访谈、调查问卷、实地查验等方式对工会及其所属企事业单位内部控制设计的合理性和运行的有效性进行的审查和评价活动。

A. 工会领导干部经济责任审计

B. 工会内部控制审计

C. 工会建设项目审计

D. 工会经费计拨情况审计

24. 收好、管好、用好工会经费，是亿万职工对工会的期望和重托，是工会必须履行的（　）。

A. 权利与义务　　B. 使命与任务

C. 义务与职责　　D. 义务与使命

25. 加强工会经审工作，是工会依法规范自身行为的（　）。

A. 内在要求和有力措施

B. 内在要求和法律责任

C. 合法途径和唯一手段

D. 唯一方法和有力措施

26. 工会自身行为的规范，既要靠各级工会干部特别是领导干部自身素质的提高，又要靠健全的（　）。

A. 内部控制制约制度

B. 外部审计监督制度

C. 内部监督制约制度

D. 外部监督管理制度

27. 加强包括经审监督在内的工会内部监督制约机制的建设，是工会自身的一项带有（　）的建设。

A. 合法性　　B. 唯一性

C. 基础性　　D. 根本性

28. 了解工会经审工作的职能，明确工会经审工作的任务，是做好工会经审工作的（　）。

A. 重要前提　　B. 唯一保障

C. 基本手段　　D. 基本程序

29. （　）是工会经审工作的基本职能。

A. 审计　　B. 监督

C. 审查　　D. 检察

30. 依法履行监督职责，当好工会经济监督的卫士和工会经济发展的谋士，是工会经审工作服务大局的着眼点和着力点，也是工会经审组织的（ ）。

A. 立身之本　　B. 唯一使命

C. 法定职责　　D. 工作手段

31. 经济评价职能主要是指工会经审会通过审查审计，依据有关规章制度对所查明的事实作出（ ）。

A. 分析判断　　B. 判断裁定

C. 分析裁定　　D. 鉴定分析

32. 经济评价要以查明客观事实真相为（ ），把肯定成绩、发现问题、提出建议紧密结合起来，推动被审查审计单位科学决策、完善管理、健全内控、提高效益。

A. 根本　　B. 手段

C. 任务　　D. 前提

33. 经济鉴证职能主要是指工会经审会通过审查审计，对被审查审计单位的会计资料及有关经济资料所反映的财务收支和有关经济活动的真实性、正确性、合法性和（　）进行检查和验证。

A. 合理性　　B. 合规性

C. 有效性　　D. 科学性

34. 工会资产是工会占有或使用的经济资源，是工会服务大局、服务基层、服务职工必不可少的（　）。

A. 经济基础　　B. 财政保障

C. 物质基础　　D. 财政基础

35. 做好工会资产监督管理是工会的一项重要的、（　）的基础性工作。

A. 必要性　　B. 合规性

C. 经常性　　D. 专业性

36. 加强工会资产审查审计监督，促进工会资产基础管理工作，健全（　），保障工会资产的安全完整，不断提高（　），是工会经审工作的一项重要任务。

A. 资产管理制度　工会资产收益

B. 审计监督制度　企业资产收益

C. 监督管理制度　工会管理能力

D. 监督制约制度　企业管理能力

37. 实施工会绩效审计与跟踪问效是（　）的客观要求，也是工会审计发展的必然趋势。

A. 工会不断发展　　B. 企业民主管理

C. 社会高质量发展　　D. 经济和社会发展

38. 工会经审工作要积极探索适合（　）的绩效审计方法与途径，不断提高工会资产使用的经济性、效率性和效果性。

A. 社会经济特点　　B. 社会发展方向

C. 工会经济特点　　D. 工会资产特点

39. 工会经审工作实行“统一领导、分级管理、分级负责、（　）”的工作体制。

A. 下审一级　　B. 结合实际

C. 分级落实　　D. 信息公开

40. 各级工会经审会及经审干部应自觉接受上级工会经审会的（　），积极协助上级工会经审会开展工作。

A. 业务指导　　　　B. 人事任命

C. 工作要求　　　　D. 统一领导

41. 地方工会和独立管理经费的产业工会，从省级、市级、县级一直到基层，各级工会经审会都要建立健全与财务管理体制和资产监管体制相匹配的（　），在职责范围内卓有成效地开展审查审计工作。

A. 监督制约机制　　B. 检查监管机制

C. 审计监督机制　　D. 审查管理机制

42. 下审一级，就是上级工会经审会对下一级工会经费的收缴、管理、使用情况进行审计。审计时限一般为（　），如有特殊需要，可追溯以往年度。

A. 本年度　　　　B. 上一年度

C. 上一季度　　　D. 上半年度

43. 下一级工会遇有重大或必要的审计事项需要上级工会经审会审计时，由下一级工会或（　），向上级工会经审会提出申请，经批准后对其进行审计。

A. 下一级工会党组织　B. 下一级工会全委会

C. 下一级工会常委会　D. 下一级工会经审会

44. 下审一级必须做到对下级工会审计的（　）。

A. 全方位　　　　B. 全流程

C. 高标准　　　　D. 全覆盖

45. 下审一级，就是上级工会经审会对下一级工会经费的收缴、管理、使用情况进行审计。必要时，还对下一级工会有投资、拨款补助的直属企事业单位（　）情况进行延伸审计。

A. 财务收支、资产管理

B. 财务报表、资产收益

C. 经济效益、民主管理

D. 资产保值、经济效益

46. （　）是工会经审工作的基本原则。

A. 服务大局　　　　B. 突出重点

C. 依法审计　　　　D. 注重实效

47. 依法审计原则要求工会经审会和经审干部必须按照法律规定的职责、权限和（　）开展审查审计监督活动。

A. 原则　　B. 规定

C. 程序　　D. 办法

48. （　）是工会经审工作的根本任务。

A. 服务大局　　B. 突出重点

C. 依法审计　　D. 注重实效

49. （　）是工会经审工作的主攻方向。

A. 服务大局　　B. 突出重点

C. 依法审计　　D. 注重实效

50. （　）是工会经审工作的核心要求。

A. 服务大局　　B. 突出重点

C. 依法审计　　D. 注重实效

51. 安源路矿工人俱乐部成立的（　），成为中国工会组织的第一个经济监督机构。

A. 经费审查委员会　　B. 财务审查委员会

C. 经济审查委员会　　D. 经济审查会

52. 二七大罢工后的（　），首次开展了工会组织专项经费审查监督。

A. 抚恤审查委员会　　B. 经济委员会

C. 经济审查委员会　　D. 中央审计委员会

53. 省港大罢工委员会制定实施（　），成立了审计局对罢工经费实施审计，首创了中国工会经费审计监督。

A.《经济委员会简章》

B.《审计局组织法》

C.《中华苏维埃共和国苏维埃组织法》

D.《陕甘宁边区审计暂行规程》

54. （　）的建立，是工会经费审查监督拓展到企业的标志。

A. 中央审计委员会

B. 国家工厂工会审查委员会

C. 经济审查委员会

D. 经济委员会

55.《工会工作大纲》是我们党在苏区建立红色政权后颁布的工会工作的纲领性文件，其中首次提出的（　）这一组织名称，我们沿用至今。

A. 工会审计组

B. 工会经费审查委员会

C. 中央审计委员会

D. 工会经审办

56. 1950 年 8 月 4 日，全国总工会颁布了（　），对工会经审会的性质、产生办法、与工会代表大会，以及工会委员会的关系作出了规定。

A.《关于各级工会经费审查委员会组织暂行条例》

B.《工会各级经费审查委员会组织通则》

C.《基层工会经费审查委员会工作条例》

D.《中国工会经审条例》

57. 1956 年 1 月 4 日，全国总工会第七届执行委员会主席团第九次会议正式通过并颁布了（　），明确了工会经审会的组织性质，对工会经审会的领导体制作出了规定。

A.《关于各级工会经费审查委员会组织暂行条例》

B.《基层工会经费审查委员会工作条例》

C.《工会各级组织经费审查委员会组织通则》

D.《中国工会经审条例》

58. 2011 年 4 月 8 日，全国总工会颁布（ ），在规范工会审计行为、提升工会审计质量、提高工会经费使用效益、维护工会资产安全完整、推进工会党风廉政建设等方面发挥了重要作用。

A.《工会专项资金审计暂行办法》

B.《关于加强工会经费审查监督工作的意见》

C.《中国工会审计条例》

D.《工会审计整改督查暂行办法》

59. 工会经费审查监督的（ ），是指各级工会经审会及其办公室。

A. 组织机构　　B. 审计机构

C. 管理机构　　D. 业务机构

60. 了解工会经审会及其办公室的性质任务，规范其组建工作，明确和落实经审监督组织的权利义务，理顺其与相关经济管理组织机构的关系，是有效开展工会经审工作，充分发挥工会经审组织作用的（ ）和重要条件。

A. 基本要求　　B. 基础保证

C. 唯一途径　　D. 唯一保证

61. 工会经审会是相对独立的监督组织，不参与工会的经济活动，与（ ）没有经济利害关系。

A. 被审计对象　　B. 被监督对象

C. 被审查对象　　D. 被监察对象

62. 工会经审会与工会组织和工会企事业及其经营管理者是（ ）关系。

A. 监督和被监督　　B. 审计和被审计

C. 监管和被监管　　D. 指导和被指导

63. （ ）重点关注建设单位报送的项目建设管理、工程造价、资金使用、招标采购等竣工决算材料的真实性、合法性。

A. 工会建设项目跟踪审计

B. 工会领导干部经济责任审计

C. 工会建设项目竣工决算审计

D. 工会建设项目竣工结算复审

64. 根据《中国工会审计条例》，县级以上工会经审会委员人数不少于同级工会委员会委员人数的（　），最低不少于（　）。

A. 20%　10 人　　B. 30%　10 人

C. 20%　5 人　　D. 30%　5 人

65. 根据《中国工会审计条例》，基层工会经审会委员人数一般（　）。

A. 7 至 15 人　　B. 5 至 10 人

C. 3 至 11 人　　D. 不少于 2 人

66. 工会经审会委员的选择要有代表性，兼顾各方，一般应由（　）的人员组成。

A. 上级工会　　B. 本级、下级工会

C. 产业工会　　D. 基层工会

67. 基层工会经审会委员应有（　）参加。

A. 会员代表　　B. 工会干部

C. 工会经审干部　　D. 工会党组成员

68. 各级工会的主席、分管财务和资产的副主席、工会财务人员和资产管理人员，因对工会财务、资产负领导责任或具体管钱管物，不得担任（　）。

A. 同级工会常委会委员

B. 同级工会党组成员

C. 同级工会经审会委员

D. 同级工会全委会委员

69. 《中国工会审计条例》第十二条规定，工会经审会委员中具有审计、财会专业知识的人员不少于（　）。

A. 五分之一　　B. 三分之二

C. 二分之一　　D. 四分之三

70. 工会经审会委员的年龄构成要体现（　）的原则，

形成合理的年龄梯次，实现不同年龄段人员的有机组合。

A. 干部年轻化　　　　B. 干部老龄化

C. 干部青年化　　　　D. 老中青相结合

71. 各级工会经审会委员和主任、副主任候选人，应由（　）在充分听取各方面意见的基础上协商提名。

A. 同级党组织和上级工会

B. 上级党组织

C. 同级党组织和上级经审会

D. 上级经审会

72. 经审会主任、副主任由（　）选举产生。

A. 工会经审会全委会会议

B. 工会经审会常委会会议

C. 工会委员会全体会议

D. 工会党组会议

73. 工会经审会及其主任、副主任的选举结果，应按照干部管理权限报上级工会和同级党组织审批。上级工会和同级党组织应在（　）内给予批复。

A. 一个星期　　B. 两个星期

C. 一个月　　D. 两个月

74. 工会经审会的任期与（　）的任期相同。

A. 同级工会党组成员　　B. 上级工会经审会

C. 同级工会委员会　　D. 上级工会委员会

75. 全国总工会和各级地方总工会、产业工会经审会每届任期（　）。

A. 三年　　B. 四年

C. 五年　　D. 六年

76. 基层工会经审会每届任期（　）。

A. 三至五年　　B. 四至五年

C. 五至七年　　D. 二至五年

77. 为加强工会经审会的领导力量，保证经审会独立负责地履行监督职能，各级工会经审会主任要按（　）配备，纳入同级工会领导干部序列。

A. 上级工会副职级　　B. 下级工会副职级

C. 同级工会正职级　　D. 同级工会副职级

78. （　）以上工会经审会主任应当专职配备。

A. 县级　　B. 省级

C. 乡镇　　D. 地（市）级

79. 工会经审会主任的任免，应当事先书面征求（　）的意见。

A. 上一级工会　　B. 同级工会党组

C. 上一级工会经审办　　D. 同级工会委员会

80. 依照《中国工会章程》和《中国工会审计条例》规定，全国总工会经审会委员实行（　）。

A. 民主选举　　B. 委命制

C. 替补制　　D. 差额选举

81. 经本级地方、产业工会代表大会选举产生的工会经审会委员，由于工作和职务变动或其他原因，需要调整其委员职务时，由原提名的工会组织提出免去其委员职务的建议并提出相应的替补人选，在（　）上履行替补程序。

A. 上级工会全委会

B. 同级工会全委会

C. 同级工会常委会

D. 同级工会党组会议

82. 各级工会经审会一般每年至少应召开（　）全委会会议，有超过半数的委员出席方可开会。

A. 一次　　B. 三次

C. 两次　　D. 四次

83. 有（　）的经审会委员提议或者经审会常委会认为有必要时，可以临时召开经审会全委会会议。

A. 半数以上　　B. 三分之一

C. 三分之二　　D. 四分之三

84. 工会经审会全委会会议由（　）主持。

A. 经审会主任　　B. 工会主席

C. 工会副主席　　D. 经审会副主任

85. 工会经审会闭会期间，代其行使职能的常务机构是（　）。

A. 工会经审办　　B. 工会经审会常委会

C. 工会常委会　　D. 工会全委会

86. 工会经审会常委会贯彻集体领导和（　）的原则。

A. 民主集中制　　B. 责任制

C. 协商制　　D. 实事求是

87. 工会经审会办公室具有四个重要属性，分别是自觉接受所在单位党组织领导的属性、常设性、专业性和（　）。

A. 实操性　　B. 服务性

C. 指导性　　D. 功能性

88. 各级工会经审会办公室主任、副主任应当列入同级工会机关部门（　）领导职位。

A. 正职级　　B. 正、副职级

C. 高一职级　　D. 副职级

89. 按照《中华全国总工会关于加强县级工会经费审查审计监督工作的意见》要求，县级工会经审会下设办公室，本级年拨缴经费收入（　）以上的应独立设置工会经审会办公室。

A. 500 万元　　B. 200 万元

C. 300 万元　　D. 800 万元

90. 工会经审会办公室要建立（　）的工会审计人员队伍。

A. 专兼职相结合　　B. 专职

C. 兼职　　D. 兼职多、专职少

91. 工会经审会办公室聘请具有审计、财会等专业资格和职业能力的人员为（　），参与实务审计，以解决工会专职审计人员不足的问题。

A. 专业审计员　　B. 专职审计员

C. 兼职审计员　　D. 特邀审计员

92. 工会经审会办公室按审计程序实施工会各项内部审计工作，包括本级审计、下审一级及有经费拨缴关系的（　），提出审计报告、审计决定和有关意见。

A. 县级工会审计　　B. 市级工会审计

C. 事业单位工会审计　D. 企业工会审计

93. 工会经审会办公室负责提出本级（　）议题的建议，承担经审会会议的筹备和组织工作。

A. 工会经审会常委会会议

B. 工会经审会全委会会议

C. 工会全委会会议

D. 工会党组会议

94. 工会经审会进行审计时，有权检查被审计单位的财务、会计资料以及与财务收支有关的业务、管理等资料和资产，有权检查被审计单位信息系统的安全性、可靠性、（　），被审计单位不得拒绝。

A. 经济性　　B. 时效性

C. 专业性　　D. 权威性

95. 工会经审会进行审计时，有权对正在进行的严重违法违规、严重损失浪费行为及时向单位主要负责人报告，经同意作出（　）。

A. 制止决定　　B. 临时制止决定

C. 废止决定　　D. 处罚决定

96. 工会经审会进行审计时，经（　）批准，有权对可能被转移、隐匿、篡改、毁弃的财务、会计资料以及与财务收支有关的业务、管理等资料，采取暂时封存的措施。

A. 经审会主要负责人　B. 工会主席

C. 工会党组成员　D. 工会经审办

97. 工会经审会对审计中发现的严重违法违规、严重损失浪费等问题，以及被审计单位经济运行中存在的重大风险隐患，有权向同级工会党组织、工会委员会和（　）报告。

A. 工会常委会　B. 上一级工会全委会

C. 上一级工会经审会　D. 工会经审办

98. 工会经审会定期向（　）报告审计工作。

A. 同级工会常委会　B. 上一级工会常委会

C. 同级工会党组织　D. 上一级工会党组织

99. 工会经审组织对涉及本地区、本产业、本系统全局的重大项目，统一组织开展（　）审计或者专项审计。

A. 跨层级、跨区域　　B. 跨地区、跨领域

C. 跨部门、跨专业　　D. 跨地区、跨专业

100. 工会经审组织接受本级工会干部管理部门的（　），对本级工会内部管理的领导人员履行经济责任情况进行审计。

A. 口头委托　　B. 口头要求

C. 书面委托　　D. 发函邀请

101. 正确行使工会经审组织的法定权限，要以工会审查审计为（　）。

A. 基本载体　　B. 根本要求

C. 基本手段　　D. 基本程序

102. 正确行使工会经审组织的法定权限，要严格（　）。

A. 管理流程　　B. 审计流程

C. 操作程序　　D. 运作程序

103. 履行工会经审组织的职责，核心在于提高（　）

的素质和能力。

A. 工会经审人员　　B. 工会干部

C. 工会经审办　　D. 工会委员会

104. 具备与工会经审工作相适应的专业知识和业务能力，是对工会经审人员履行职责的（　）。

A. 根本要求　　B. 唯一要求

C. 所有要求　　D. 基本要求

105. 工会经审组织应树立良好的关系管理理念和意识，在确保（　）的前提下，正确处理好与相关各方的关系，为做好工会经审监督工作创造良好的内外部环境。

A. 独立性、客观性　　B. 准确性、专业性

C. 独立性、专业性　　D. 安全性、准确性

106. （　）侧重于工会财务预测、财务决策，控制和参与工会内外部经济内容和经济关系的宏观调节。

A. 工会审计监督　　B. 工会资产管理

C. 工会财务管理　　D. 工会纪检监察

107. （　）侧重于记录、反映和监督经济活动的过程及其成果，主要包括填制会计凭证、登记账簿、编制报表、财产清查等。

A. 工会审计监督　　B. 工会资产管理

C. 工会财务管理　　D. 工会会计核算

108. 各级工会财务工作由财务部门归口管理，实行（　）的财务体制。

A. 统一领导、分级管理

B. 集中领导、分级管理

C. 统一指导、分类管理

D. 集中指导、分类管理

109. （　）的主体是各级工会财务部门，既可以采取事前、事中和事后监督相结合的方式开展日常监督，也可以针对特定事项、特定资金等开展专项监督，其形式相对灵活。

A. 工会财务监督　　B. 工会资产管理

C. 工会审计监督　　D. 工会会计核算

110. （　）的主要任务包括对工会资产进行科学配置、合理使用、有效运营、规范处置、全面监督；建设好、管理好、使用好工会资产阵地；抓好本级企事业资产监督管理；等等。

A. 工会审计监督管理

B. 工会财务监督管理

C. 工会资产监督管理

D. 工会会计核算管理

111. 工会经审会是由工会会员大会或会员代表大会选举产生的（　）。

A. 法定权力组织　　B. 法定监督组织

C. 法定社会组织　　D. 民主社会组织

112. 工会经审会作为工会系统的内部监督组织，履行（　）和（　）两方面职责，这是工会经审会与其他社会组织的内部审计区别之处。

A. 监察　审计　　B. 审查　审计

C. 审查　检察　　D. 监察　督察

113.《工会法》第四十五条规定，工会经费的使用应当依法接受（ ）的监督。

A. 全国总工会　　B. 国家

C. 工会经审会　　D. 地方政府

114. 国家审计属于（ ）。

A. 外部审计　　B. 内部审计

C. 专业审计　　D. 单行审计

115.《审计法》第三十二条规定，审计机关应当对被审计单位的（ ）进行业务指导和监督。

A. 内部财务工作　　B. 内部资产工作

C. 内部审计工作　　D. 内部监督工作

116.《审计署关于加强内部审计工作业务指导和监督的意见》明确要求各级审计机关将对内部审计的业务指导和监督纳入年度工作内容，与审计业务工作（ ）。

A. 同指导、同实施、同检查

B. 同部署、同落实、同检查

C. 同指导、同发展、同核查

D. 同部署、同发展、同检查

117. 《中国工会审计条例》第九条规定，工会审计应当接受（　）的业务指导和监督。

A. 国家审计机关　　B. 各级地方政府

C. 全国总工会　　D. 审计署

118. 根据《审计署关于内部审计工作的规定》，审计机关在实施审计过程中，要将内部审计作为（　）的一个重要组成部分加以调查了解；确定审计重点时，可以参考内部审计发现问题的线索。

A. 国家审计机关　　B. 各级地方政府

C. 内部控制　　D. 审计署

119. 审计机关在审计中涉及国家机关、事业单位和（　）时，可以在评估被审计单位内部审计工作质量的基础上，积极有效利用内部审计成果，对内部审计已经发现并纠正的问题不再在审计报告中反映。

A. 国有企业

B. 国有企业二级以下单位

C. 国有企业三级以下单位

D. 中央企业

120. 《审计署关于内部审计工作的规定》第八条规定，内部审计机构应当根据工作需要，合理配备内部审计人员。除涉密事项外，可以根据内部审计工作需要向社会购买（ ），并对采用的审计结果负责。

A. 会计服务　　B. 法律服务

C. 专业服务　　D. 审计服务

121. 《中国工会审计条例》第十九条规定，经审会根据工作需要，可以委托具有相应资质的（ ）对有关事项进行审计。

A. 信托机构　　B. 社会服务机构

C. 会计专业服务机构　D. 社会中介机构

122. 工会经审会对工会预算决算开展（ ），坚持党的领导，坚持围绕服务党和国家工作大局，坚持依法审查监督，聚焦重点，注重实效，保障国家方针政策和决策部署，保障工会重点工作贯彻落实。

A. 全口径审查和全过程监管

B. 全口径检查和全过程管理

C. 全口径监督和全过程监管

D. 全口径审查和全过程管理

123. 工会经费收支预算执行情况（决算）审查，主要是审查决算编报的（　）。

A. 真实性与合法性

B. 专业性与权威性

C. 合法性与权威性

D. 合规性与专业性

124. 对工会企业、事业单位的审查，要根据其行业特点区别对待，既要注重社会效益，也要讲求（　）。

A. 项目效益　　B. 经济效益

C. 管理效益　　　　D. 财务效益

125. 工会资产是工会拥有或控制的能以货币计量的（　）。它包括流动资产、投资和固定资产等。

A. 经济资源　　　　B. 金融资源

C. 人力资源　　　　D. 数字资源

126. 工会资产是受国家法律保护，通过多种渠道形成的，由工会享有（　）的动产与不动产，是工会组织发展壮大的重要条件。

A. 所有权或使用权　　B. 经营权或使用权

C. 承包权或使用权　　D. 所有权或承包权

127. 工会资产是工会成为社团法人的（　）。

A. 唯一条件　　　　B. 唯一要求

C. 前提条件　　　　D. 重要基础

128. 《工会法》第四十七条规定，工会的财产、经费和国家拨给工会使用的不动产，任何组织和个人不得（　）、挪用和任意调拨。

A. 出售　　　　　　B. 租用

C. 承包　　D. 侵占

129. 《民法典》第二百七十条规定，社会团体法人、（　）依法所有的不动产和动产，受法律保护。

A. 财团法人　　B. 捐助法人

C. 营利法人　　D. 基金会法人

130. 本级预算是指各级工会在本级范围内工会经费收支的（　）。

A. 总核算　　B. 总成本

C. 总预算　　D. 总审计

131. （　）是指与本级预算有相关经费收支管理关系的工会机关、企事业单位的预算。

A. 单位预算　　B. 部门预算

C. 企业预算　　D. 财务预算

132. 对工会经费收支预算的审查，应当按照真实、合法、（　）的原则进行。

A. 合理　　B. 效益

C. 效率　　D. 专业

133. 对工会经费收支预算的审查，应严格执行（　）。

A.《工会会计制度》　B.《工会预算管理办法》

C.《中国工会章程》　D.《中国工会审计条例》

134. 工会预算编制的原则是统筹兼顾、（　）、量力而行、讲求绩效和收支平衡。

A. 勤俭节约　　B. 科学筹划

C. 突出重点　　D. 精准谋划

135. 各级工会、各预算单位应参照国务院财政部门制定的政府收支分类科目、预算支出标准和预算绩效管理的规定，根据跨年度预算平衡的原则，参考（ ）预算执行情况、存量资产情况和有关支出绩效评价结果，编制预算草案。

A. 上一年　　B. 上一季度

C. 上个月　　D. 上两年

136. 转移支付预算应重点审查转移支付与（　）和支出责任划分的匹配情况；转移支付对促进实现各地区工会平衡及服务均等化情况；专项转移支付

的整体绩效情况；等等。

A. 财权　　B. 财力

C. 职权　　D. 事权

137. （　）应审查重大项目支出绩效目标设定、实现及评价结果应用情况，保障党中央重大方针政策和决策部署确定的重点支出与重大投资项目。

A. 部门预算与财政转移支付

B. 支出预算的总量与结构

C. 预算绩效与转移支付

D. 重点支出与重大投资项目预算

138. 工会经费收支决算是（　）工会经费收支预算的执行结果，是各项收支情况的综合反映。

A. 本季度　　B. 上季度

C. 上年度　　D. 上半年

139. 工会经审会全委会会议在审查时，应先听取（　）关于工会经费收支决算（草案）编制情况的报告，了解上年度经费预算执行情况。

A. 本级工会资产部门 B. 本级工会审计部门

C. 本级工会财务部门 D. 下级工会财务部门

140. 工会经审会全委会会议在审查时，应听取（ ）关于上年度经费预算执行情况的审计报告。

A. 工会财务部门 B. 工会资产部门

C. 工会全委会 D. 经审会办公室

141. 在审查年度支出预算完成情况的同时，应重点审查（ ）是否合理，主要查看用于机关和对下支出比例是否合理。

A. 支出结构 B. 支出方式

C. 收支结构 D. 产出结构

142. 工会经审会全委会会议对工会资产的审查不仅包括本级工会以办公楼为主体的（ ）、以经营性和社会公益性为主体的工会企事业资产，还包括下一级工会资产监督管理情况。

A. 经营性资产 B. 行政性资产

C. 非经营性资产 D. 投资性资产

143. 工会经审会全委会会议在审查前，应认真听取（ ）关于上年度工会资产监督管理情况的报告。

A. 工会财务管理部门 B. 工会审计监督部门

C. 工会资产管理部门 D. 工会机关党委

144. 对工会资产的审查不同于工会经费收支情况的审查，更多侧重于资产监督管理机构的健全，侧重于企业、事业单位的（ ）及经营绩效情况。

A. 资产运营 B. 资产增值

C. 资产保值 D. 资产整合

145. 在工会经费收支预算执行过程中必须作部分调整，或者在预算之外追加项目时，应在调整或追加前提交（ ）审查。

A. 工会经审会全委会会议

B. 工会党组会议

C. 工会全委会会议

D. 工会经审会常委会会议

146. 工会经审会办公室受工会经审会常委会委派，对本级工会（ ）经费收支预算执行情况和调整、追加预算进行会前审查，提出意见或建议供工会经审会常委会参考。

A. 上半年　　B. 上一年

C. 上一季度　　D. 上个月

147. 工会经费审查原则是指工会经审会在工会经费审查中应当遵循的一般原则，主要包括法定性原则、民主性原则、（ ）、重要性原则和一致性原则。

A. 专业性原则　　B. 权威性原则

C. 客观性原则　　D. 合法性原则

148. （ ）是指工会经审会的审查监督权是法律赋予的。不论是工会经审会的建立，还是工会经费审查监督活动的开展，一切以法律为依据。

A. 法定性原则　　B. 一致性原则

C. 民主性原则　　D. 重要性原则

149. 工会组织不仅经费独立，而且有独立的、系统的审查监督组织，这也是工会组织区别于其他所有社团组织的（　）。

A. 重要法律特征　B. 主要经济特征

C. 重要经济特征　D. 主要政治特征

150. （　）是指工会经费审查监督的代表性和会员的参与程度。

A. 一致性原则　B. 合法性原则

C. 民主性原则　D. 客观性原则

151. （　）是指工会经审会在工会经费审查时必须以被审查对象的经济业务和会计资料为依据，如实反映工会经费审查的实际情况和结果，确保审查信息的真实性、可靠性和完整性。

A. 民主性原则　B. 合法性原则

C. 一致性原则　D. 客观性原则

152. （　）是指工会经审会在工会经费审查时必须抓主要矛盾，突出重点。

A. 合法性原则　B. 重要性原则

C. 一致性原则　D. 专业性原则

153.（　）是指工会经审会审查的方法和口径要前后期一致，不得随意变更，以确保各项数据和指标的口径一致和相互可比。

A. 合法性原则　　B. 客观性原则

C. 一致性原则　　D. 民主性原则

154. 工会经费审查方式主要分为会议审查、（　）及全面、重点和专项审查。

A. 事前、事中和事后审查

B. 专业审查

C. 形式审查

D. 实质审查

155.（　）是指以召开会议的形式进行的审查，即工会经审会依照有关规定和程序召开全委会会议或常委会会议，听取汇报、就有关事项进行审议、发表意见或建议并作出相应的决议。

A. 事前、事中和事后审查

B. 会议审查

C. 专项审查

D. 全面审查

156. 会议审查是工会经费审查的基本方式，上至（　）下至基层工会经审会，都会以召开会议的形式对工会经费进行审查。

A. 省级工会经审会

B. 全国总工会经审会

C. 市级工会经审会

D. 产业工会经审会

157. 事前审查对于节约开支、降低成本，防止决策失误，保证未来经济活动的顺利实施具有积极作用，所以也可以称为（　）。

A. 政策性审查　　B. 技术性审查

C. 预防性审查　　D. 防护性审查

158. （　）是指在经济活动发生过程中进行的审查。例如，年中对工会经费预算执行情况的审查、对重大投资和基本建设项目的跟踪审查等。

A. 全面审查　　B. 专业审查

C. 事中审查　　D. 单项审查

159. （　）是指在经济活动结束后进行的审查。例如，工会经费年度收支决算审查等。

A. 专项审查　　B. 事中审查

C. 事后审查　　D. 事前审查

160. （　）是指对所有被审查对象或某一被审查对象的全部经济活动和有关资料进行的审查。

A. 全面审查　　B. 重点审查

C. 专项审查　　D. 专业审查

161. （　）是指根据掌握的情况和工作需要，有计划、有目的地将某项业务或某一问题列作重点开展的审查。

A. 全面审查　　B. 事前审查

C. 重点审查　　D. 专业审查

162. （　）是指针对某项业务进行的专门审查。

A. 专项审查　　B. 重点审查

C. 事后审查　　D. 专业审查

163. 工会经费审查程序按主体不同可分为两种：一是工会经审会全委会会议审查程序；二是（　）。

A. 工会经审会常委会会议审查程序

B. 工会常委会会议审查程序

C. 工会全委会会议审查程序

D. 工会党组会议审查程序

164. 基层工会经审会全委会会议一般应在（　）与工会全委会会议同时召开。

A. 年末　　B. 年中

C. 年初　　D. 第三季度

165. 县以上工会经审会召开全委会会议原则上每年（　），一般安排在第一季度和第四季度。

A. 三次　　B. 两次

C. 四次　　D. 五次

166. 各级工会经审会全委会会议均须（　）以上的委员出席，方可举行。

A. 二分之一　　B. 三分之一

C. 三分之二　　D. 四分之三

167. 在基层工会经审会全委会会议审查过程中，工会经费年度预算、预算追加调整及决算和重大投资决策等须由工会经审会全委会会议表决。表决议案应按民主集中制原则由全体委员的（　）通过。

A. 四分之三　　B. 三分之二

C. 四分之一　　D. 过半数

168. 基层工会经审会全委会会议审查终结，应将审查结果、处理意见和改进工作的建议报告基层工会委员会。报送前，应征求（　）的意见。

A. 基层工会党组

B. 基层工会全委会

C. 基层工会经审会办公室

D. 被审查对象

169. 县以上工会经审会全委会会议审查通过的经费收支决算（草案）和预算（草案），经（　）签字（盖章）生效，同时报上级工会经审会。

A. 工会主席

B. 工会党组书记

C. 工会经审会主任

D. 工会经审会办公室主任

170. 工会经审会常委会会议一般（　）举行一次；必要时，可临时召开会议。

A. 每年　　B. 半年

C. 每季度　　D. 每个月

171. （　）是指工会经审会根据《工会法》《中国工会章程》《中国工会审计条例》及相关法律法规制度规定，对同级工会和下一级工会预算执行情况以及其他财务收支的真实性、合法性和效益性进行的审计监督。

A. 工会建设项目审计

B. 工会预算执行情况审计

C. 工会经费计拨情况审计

D. 工会专项资金审计

172. （　）是指工会经审会对建会单位在工会经费的计提、申报、拨缴、上解等方面情况进行的审计。

A. 工会企事业单位财务审计

B. 工会预算执行情况审计

C. 工会经费计拨情况审计

D. 工会领导干部经济责任审计

173. （　）是指工会经审会对上级工会拨入、本级工会预算安排、政府财政或相关部门拨入、企事业单位及个人捐赠的帮扶资金、送温暖资金、劳动模范资金、救灾慰问款等具有专门用途资金的筹措、拨付、管理和使用情况组织实施的审计。

A. 工会预算执行情况审计

B. 工会内部控制审计

C. 工会专项资金审计

D. 工会领导干部经济责任审计

174. 工会经审会根据工作计划，在开展（　）时对工会专项资金一并进行审计；或因工作需要，也可单独组织实施专项审计。

A. 工会绩效审计

B. 工会预算执行情况审计

C. 工会经费计拨情况审计

D. 工会企事业单位财务审计

175. 《第2308号内部审计具体准则——审计档案工作》第二十二条规定，纸质审计档案的卷内材料一般不超过（　）装订。

A. 300页　　B. 250页

C. 200页　　D. 150页

176. 工会经审会委托社会中介机构开展的跟踪审计和竣工决算审计过程中发生的全部审计费用，由建设单位列入（　）。

A. 工会经审会办公室部门预算

B. 单位预算

C. 本级预算

D. 工程竣工决算

177. 各级工会经审会抽取不少于（　）的已备案建设项目实施竣工结算复审。

A. 50%　　B. 40%

C. 30%　　D. 20%

178. （　）是指工会经审会对工会所属企事业单位全部经济活动的真实性、合法性和效益性进行的审计。

A. 工会领导干部经济责任审计

B. 工会企事业单位财务审计

C. 工会内部控制审计

D. 工会绩效审计

179. 内部控制审计应当以（　）为基础，根据风险发生的可能性和对组织单个或者整体控制目标造成的影响程度，确定审计的范围和重点。

A. 风险评估　　B. 内部监督

C. 审查内部环境　　D. 控制活动

180. 工会经审会对工会及所属预算管理事业单位开展的绩效审计往往以评价工会经费、资产管理和使用的经济性、效率性和效果性为核心，开展（　）。

A. 预算支出绩效审计

B. 工会企事业单位财务审计

C. 工会内部控制审计

D. 工会绩效审计

181. 预算支出绩效审计应构建（　），以财务收支的真实性、合法性为基础，以预算支出为重点，以绩效为导向，从政策执行、资金使用、资源利用和行政效能等方面综合评价效益、效率和效果。

A. 专题审计模式　　B. 综合审计模式

C. 交叉审计模式　　D. 内部审计模式

182. 工会经审会在审计项目实施前组成审计组。审计组实行（　）负责制。

A. 审计组组长

B. 工会经审会主任

C. 工会经审会办公室主任

D. 审计组主审

183. 委托审计业务实行（　）负责制。

A. 审计组主审

B. 审计组组长

C. 项目负责人

D. 工会经审会主任

184. 在委托审计业务中，同一社会中介机构对同一被审计单位连续审计一般不超过（　）。

A. 五年　　B. 四年

C. 三年　　D. 两年

185. 委托审计业务的项目负责人实行（　）制度。

A. 替补和回避　　B. 委任和替补

C. 竞选和轮换　　D. 轮换和回避

186. 审前内部沟通一般由（　）召集并主持。

A. 工会经审会主任

B. 审计组主审

C. 工会经审会办公室主任

D. 审计组组长

187. 工会经审会应当于实施审计（　）前，向被审计单位送达审计通知书。

A. 七日　　B. 五日

C. 三日　　D. 两日

188. 遇有特殊情况，报（　）批准后，可以直接持审计通知书实施审计。

A. 工会党组书记

B. 工会常委会

C. 工会经审会主要负责人

D. 上级工会经审会

189. 审计组进驻被审计单位后，应召开（　），被审计单位主管财务工作的工会主席或副主席、工会经审会主任及财务资产、经审等相关部门人员应参加会议。

A. 工会主席办公会议

B. 审计情况反馈会议

C. 审计进点会议

D. 工会经审会全委会会议

190. 现场审计结束，审计组主审应及时对审计情况进行整理，充分总结、肯定被审计单位在审计事项上的好做法或经验，对审计中发现的问题逐条进行梳理分类，形成（　）。

A. 审计工作底稿

B. 审计报告口头反馈稿

C. 审计报告

D. 审计评价

191. 被审计单位自接到审计组的审计报告之日起（　）内，应当向审计组回复书面意见；逾期不回复的，视同无异议。

A. 十日　　B. 七日

C. 五日　　D. 三日

192. 被审计单位自收到工会经审会的审计报告或者审计决定之日起（ ）内，应当将整改落实情况书面报告给出具审计报告或者审计决定的工会经审会。

A. 60 日 B. 50 日 C. 30 日 D. 20 日

193. 被审计单位或者相关责任人员对工会经审会作出的审计决定不服的，自收到审计决定之日起（ ）内，可以向出具审计决定的上一级工会经审会书面申请复审。

A. 90 日 B. 60 日

C. 30 日 D. 20 日

194. 上一级工会经审会自收到书面复审申请之日起（ ）内，应当作出复审决定。

A. 120 日 B. 90 日

C. 60 日 D. 30 日

195. （ ）是指工会经审会按照一定的标准，运用适当的程序和方法，对工会及所属企事业单位经费使用、资产运营及相关经济活动的经济性、效率性和效果性，进行审查、分析和评价的活动。

A. 工会领导干部经济责任审计

B. 工会绩效审计

C. 工会建设项目审计

D. 工会内部控制审计

196. （ ）重点关注建设项目从取得概算批复到竣工交付使用各阶段关键环节和重要事项的真实性、合法性。

A. 工会建设项目竣工结算复审

B. 工会建设项目专项审计

C. 工会建设项目跟踪审计

D. 工会建设项目竣工决算审计

197. （ ）的目标是工会经审会依据审计发现作出审计评价，提出审计建议，促进被审计单位改善管理，节约、高效、优质地使用工会经费及资产，推动建立健全全面预算绩效管理制度，提高管理水平。

A. 工会绩效审计

B. 工会建设项目审计

C. 工会领导干部经济责任审计

D. 工会企事业单位财务审计

198.《工会建设项目审计办法》第四条规定，经审会独立行使审计监督权，恪守内部控制的（　），不得参与建设项目决策和审批、征地拆迁、工程招标、物资采购、质量评价、工程价款结算等管理活动。

A. 一贯性原则　　B. 系统性原则

C. 整体性原则　　D. 制衡性原则

199.《第2308号内部审计具体准则——审计档案工作》第二十八条规定，内部审计机构在审计项目完成后，应当以审计项目为单位，按照归档要求，向档案管理部门办理电子审计档案的移交手续，元数据应当与电子审计档案一起移交，一般采用基于（　）的封装方式组织档案数据。

A. XML　　　　B. HTML

C. SGML　　　　D. XSL

200. 《第 2308 号内部审计具体准则——审计档案工作》第二十八条规定，内部审计机构应当将已移交的电子审计档案在本部门至少保存（　），其中的涉密信息必须符合保密存储要求。

A. 10 年　　B. 8 年　　C. 5 年　　D. 3 年

多项选择题

扫码闯关答题

1. 根据《中国工会审计条例》，(　　) 应当设置常务委员会。

A. 全国总工会经审会

B. 省、自治区、直辖市总工会经审会

C. 县级总工会经审会

D. 独立管理经费的全国产业工会经审会

2. 工会经审工作的职能包括 (　　)。

A. 经济监督职能　　B. 经济评价职能

C. 经济鉴证职能　　D. 经济管理职能

3. 工会经审工作的任务包括 (　　)。

A. 促进工会政策措施贯彻落实

B. 促进收好、管好、用好工会经费

C. 促进工会资产安全、完整和效益

D. 促进工会经济活动的规范运作

4. 上级工会经审会对下级工会经审工作进行（　），促进工会经审工作水平的整体提升。

A. 督促检查　　B. 量化考核

C. 评比表彰　　D. 表彰奖励

5. 经过各级工会经审组织多年的实践探索，工会经审工作形成了（　）的常态化监督工作格局。

A. 以国家审计为指导

B. 以工会经审组织为主体

C. 以社会审计为补充

D. 以职工会员监督为基础

6. 《中国工会审计条例》确定的（　）的工作方针，适用于工会经费审查审计的各项工作。

A. 依法审计　　B. 服务大局

C. 突出重点　　D. 注重实效

7. 工会经审工作方针的贯彻落实包括（　）。

A. 加强党对工会经审工作的领导

B. 加大工会经审监督力度

C. 健全工会经审工作制度体系

D. 提高工会经审干部队伍素质

8. 刘少奇同志的（ ）对工会运动和工会经费审查监督产生了深远影响。

A.《工会代表会》 B.《工会经济问题》

C.《工会工作大纲》 D.《工会基本组织》

9. 工会经审会是代表会员群众对工会经费收支和资产管理情况进行审查审计监督的组织。（ ）是它的基本属性。

A. 广泛的代表性 B. 相对的独立性

C. 监督的权威性 D. 绝对的独立性

10. 工会经审会委员的基本素质包括（ ）。

A. 基本的财务知识

B. 较高的政治素质

C. 良好的职业道德

D. 较强的业务素质

11. 工会经审会常委会的主要职责和议事范围是（ ）。

A. 按照上级工会经审会的工作部署和指导性意见，研究确定本级工会经审会工作的指导思想、目标任务和具体安排

B. 讨论通过本级工会经审会全委会会议的议案、议程、人事事项和提交本级工会经审会全委会会议审议的经审工作报告

C. 讨论通过本级工会经费收支预算草案、预算调整和追加方案以及其他有关经费收支的重要事项

D. 审查本级工会半年经费预算执行情况

E. 讨论通过本级工会经审工作制度、办法和经审工作考核、表彰等重要事项

12. 上级工会经审会对下级工会经审会业务指导的主要方式和内容是（ ）。

A. 制发规章制度和指导性文件，推动下级经审工作，特别是重点工作的落实

B. 召开工作会、经验交流会和座谈会等，总结工

会经审工作，交流先进经验，作出工作部署

C. 开展工会经审工作规范化建设活动，跟踪督察、考核评比、表彰先进

D. 制定工会经审干部培训规划，有计划、分层次、多形式地举办培训班、研讨班，提高下级工会经审会人员的专业素质

E. 组织工会经审工作理论研究和调查研究活动，交流运用研究成果，推动经审工作理论与实践创新等

13. 工会经审组织的权限主要包括（　）。

A. 审查审计监督权　　B. 知情权

C. 建议权　　D. 指导权

14. 工会经审工作和（　）都是工会整体工作的重要组成部分，三者既有区别、又有联系，相辅相成、有机统一，通过履行各自职责任务，共同保障工会经费与资产的安全、完整和效益。

A. 财务工作　　B. 管理工作

C. 资产工作　　D. 宣传工作

15. 工会财务工作包括（　）。

A. 审计监督　　B. 财务管理

C. 资产管理　　D. 会计核算

16. 工会资产工作是工会组织围绕工会资产形成、配置、使用、经营、管理、监督而开展的一系列工作，包括（　）。

A. 工会审计监督管理　B. 工会财务监督管理

C. 工会资产监督管理　D. 工会企事业改革发展

17. 各级工会资产工作由资产监督管理部门归口管理，实行（　）的资产监管体制。

A. 统一所有　　B. 分级监管

C. 单位使用　　D. 民主管理

18. 《审计法》第二十四条规定，审计机关对政府部门管理的和其他单位受政府委托管理的（　）以及其他公共资金的财务收支，进行审计监督。

A. 社会保险基金　　B. 彩票公益金

C. 全国社会保障基金　D. 社会捐赠资金

19. 《国务院关于加强审计工作的意见》《中共中央办公厅、国务院办公厅印发〈关于完善审计制度若干重大问题的框架意见〉及相关配套文件的通知》都明确提出，要对（　）和领导干部履行经济责任情况实行审计全覆盖。

A. 公共资金　　B. 国有资产

C. 国有资源　　D. 集体资产

20. 国家审计具有较强的（　），而且权威性高、独立性强，有条件、有能力查处单位内外部相关联的违法违规问题。

A. 政治性　　B. 政策性

C. 权威性　　D. 专业性

21. 工会经费审查总体要求包括（　）。

A. 坚持党中央集中统一领导

B. 坚持围绕和服务工会工作大局

C. 坚持依法开展审查监督

D. 坚持问题导向

22. 工会经费审查范围包括（　）。

A. 工会经费收支预决算情况

B. 工会所属企事业单位经济活动及其效益情况

C. 工会资产管理情况

D. 其他重要事项

23. 工会经审会在对工会资产进行审查时要着重注意（　）。

A. 工会资产监督管理机构是否健全，人员是否配备

B. 工会资产管理制度是否完善、有效

C. 涉及工会资产的重要项目和重大投资决策是否经集体决策程序通过

D. 工会资产管理部门是否定期向工会经审会报告上年度工会资产的监督管理情况

E. 有关工会资产的审查、审计意见是否已及时整改

24. 审查各类专项资金时要重点注意（　）。

A. 专项资金管理和使用制度是否健全

B. 专项资金的收付是否及时，是否专款专用；专项资金的发放是否实名制，手续是否齐全

C. 专项资金是否存在转结余，转各类基金会，改变资金用途或跨年度使用的行为

D. 困难职工帮扶中心（或职工服务中心）是否运转正常，管理有序

E. 档案管理是否科学、规范

25. 工会经费收支预算是经一定程序核定的工会经费年度收支计划，按管理层次可分为（　）。

A. 本级预算　　B. 单位预算

C. 下级预算　　D. 企业预算

26. 工会经费审查的客观性原则包括（　）。

A. 审查过程必须严格依法、依规、按照程序进行

B. 审查方法、手段必须科学、规范

C. 审查结果必须客观、公正

D. 审查结束，审查组应当集体讨论，形成审查报告

27. 工会经费审查的重要性原则主要体现在（　）。

A. 资金性质上　　B. 资金安全上

C. 资金额度上　　D. 资金状况上

28. 工会经费计拨情况审计主要审计（　）。

A. 检查建立工会组织的企业事业单位、机关职工人数是否真实、准确，工资总额及其构成是否符合国家有关规定，计拨工会经费金额计算是否准确，拨缴是否足额、及时

B. 检查工会经费的留成和上解比例计算是否真实、正确，上解经费是否及时、足额，有无截留、挪用情况

C. 检查固定资产管理制度是否健全，管理是否规范，产权是否明晰，处置是否合规合法

D. 检查内部控制制度是否健全完善，执行是否有效

29. 工会经费计拨情况审计的被审计单位应提供的资料包括（　）。

A. 单位人力资源部门管理的在职职工人数和应发工资情况资料

B. 单位财务部门管理的有关各种工资、奖金、津贴和补贴、加班工资等发放情况资料

C. 工会会计报表、拨缴工会经费收入明细账、银行对账单、工会经费分成上缴结算单、有关银行开户的资料

D. 审计所需的其他资料

30. 工会专项资金审计的主要内容包括（　）。

A. 专项资金管理的内部控制制度是否健全、有效

B. 专项资金收入是否全部入账，现金和银行存款是否账实相符

C. 专项资金拨付使用是否按规定用途专款专用，审批、签收等手续是否健全，票据管理是否完善，有无截留、挪用资金和虚列支出等问题

D. 根据专项资金规定对该专项资金取得的经济、

社会效益，以及推动工会重点工作开展的情况进行评价

31. 工会经审会按照（　）的原则，组织建设项目审计工作。

A. 全面监督　　B. 突出重点

C. 量力而行　　D. 确保质量

32. 列入工会建设项目竣工结算复审工作计划的建设项目一般符合（　）情形。

A. 工程结算金额较大

B. 工程结算金额超出合同金额较多

C. 工程变更洽商较多

D. 其他应当实施竣工结算复审的

33. 工会领导干部经济责任审计可分为（　）。

A. 离任审计　　B. 任前审计

C. 监督审计　　D. 任中审计

34. 内部控制审计按其范围划分，分为（　）。

A. 工会绩效审计

B. 全面内部控制审计

C. 专项内部控制审计

D. 工会政策落实跟踪审计

35. 工会绩效审计应以真实性、合法性审计为基础，坚持（　）原则。

A. 服务性　　B. 建设性

C. 增值性　　D. 专业性

36. 基本支出是预算单位为保障其机构正常运转、完成日常工作任务而发生的支出，包括（　）。

A. 人员经费支出　　B. 工资

C. 职工福利费　　D. 日常公用经费支出

37. 项目支出是预算单位在基本支出之外，为完成特定工作任务或事业发展目标所发生的支出，主要包括（　）和其他类项目支出。

A. 基本建设类项目支出

B. 行政事业类项目支出

C. 特定目标类项目支出

D. 人员类项目支出

38. 审计实施方案的内容主要包括（　）。

A. 审计目标

B. 审计范围

C. 审计内容、重点及审计措施，包括审计事项和审计应对措施

D. 审计工作要求，包括项目审计进度安排、审计组内部重要管理事项及职责分工等

39. 审计人员获取的审计证据，应当具有（　）。

A. 适当性　　B. 合理性

C. 充分性　　D. 专业性

40. 审计项目档案卷内文件材料可以按照（　）进行排列。

A. 结论类　　B. 证明类

C. 立项类　　D. 备查类

41. 审计方法可分为（　）。

A. 盘存法

B. 审计的技术方法

C. 审计的一般方法

D. 计算机辅助审计方法

42. 审计的一般方法是指按审计工作的先后顺序和审计工作范围或详略程度而进行划分的审计方法。按审计工作顺序可分为（　）。

A. 详查法　　B. 抽查法

C. 顺查法　　D. 逆查法

43. 《工会建设项目审计办法》第二十条规定，建设项目不具备审计条件的情形主要包括（　）。

A. 建设单位未完成工程竣工结算审核

B. 建设单位或其他参建单位未按要求提供资料

C. 建设项目不具备现场踏勘条件

D. 建设项目缓建或停建

E. 其他不具备审计条件的情形

44. 《中国工会审计条例》第五十七条规定，被审计单位有（　），由单位党组织、领导班子责令改正，并对直接负责的主管人员和其他直接责任人员进行处理。

A. 拒绝接受或者不配合工会审计工作的情形

B. 拒绝、拖延提供与审计事项有关的资料，或者提供资料不真实、不完整的情形

C. 拒不纠正审计发现问题的情形

D. 整改不力、屡审屡犯的情形

E. 违反国家规定或者工会内部规定的其他情形情形

45.《中国工会审计条例》第五十八条规定，工会经审会和审计人员有（　），由同级工会党组织、领导班子对直接负责的主管人员和其他直接责任人员进行处理；涉嫌犯罪的，移送有关机关依法追究刑事责任。

A. 徇私舞弊、玩忽职守，给国家和工会造成重大损失的情形

B. 隐瞒审计查出的问题或者提供虚假审计报告的情形

C. 泄露国家秘密或者商业秘密的情形

D. 利用职权谋取私利的情形

E. 违反国家规定或者工会内部规定的其他情形

46.《第 2309 号内部审计具体准则——内部审计业务外包管理》第十条规定，内部审计机构确定纳入备选库的中介机构时，应当重点考虑（　）。

A. 依法设立，合法经营，无违法、违规记录

B. 具备国家承认的相应专业资质

C. 从业人员具备相应的专业胜任能力

D. 拥有良好的职业声誉

47.《第 2306 号内部审计具体准则——内部审计质量控制》第五条规定，内部审计质量控制目标主要包括（　）。

A. 保证内部审计活动遵循内部审计准则和本组织内部审计工作手册的要求

B. 保证内部审计活动的效率和效果达到既定要求

C. 保证内部审计活动能够增加组织的价值，促进

组织实现目标

D. 保证内部审计活动获得被审计单位的支持

48. 工会经审工作具有广泛的群众性，体现在（　）。

A. 各级工会经审会及其委员的产生上

B. 审计人员的组成上

C. 基层工会经费审查监督的民主性上

D. 公开性上

49. 各级工会组织要认真做好社会审计中介机构选聘工作，做到（　）、作用明显发挥。

A. 制度建立健全

B. 人员相对稳定

C. 管理逐步规范

D. 工作有序开展

50. 为适应新时代工会经审工作的新任务新要求，需要（　）。

A. 持续深化工会预决算审查审计工作

B. 围绕工会政策措施落实情况统筹开展审计监督

C. 构建以防范化解风险隐患、完善内部控制、提高资金使用效益为重点的新时代工会经审体系

D. 着力发挥经审建设性作用

51. 工会经审组织对工会及其所属企事业单位的全部经济活动享有知情权，其中包括（　）。

A. 有权出席或列席同级工会的有关会议，听取并了解工会各项经费收支情况、资产管理情况以及工会企事业单位经营管理的情况

B. 有权调阅单位落实重大决策部署的有关资料，财务、会计资料以及与财务收支有关的业务、管理等资料，包括电子数据，进行调查取证

C. 有权参与同级工会经费与资产管理方面的决策和制度制定，提出意见建议

D. 有权建议对违反财经法纪的被审查审计单位和有关人员进行调查处理，对管理经费、资产成绩显著的单位与个人给予表彰

52. 工会经审组织对加强内部控制，保障工会经费资产

的安全完整效益享有建议权，其中包括（　）。

A. 有权参与同级工会经费与资产管理方面的决策和制度制定，提出意见建议

B. 有权在审查审计的基础上，对工会经费收支和资产管理方面的问题提出纠正与整改的建议

C. 有权调阅单位落实重大决策部署的有关资料，财务、会计资料以及与财务收支有关的业务、管理等资料，包括电子数据，进行调查取证

D. 有权建议对违反财经法纪的被审查审计单位和有关人员进行调查处理，对管理经费、资产成绩显著的单位与个人给予表彰

53. 各级工会经审组织要把权限落实的重心放在对（　）的审查审计监督上。

A. 重点领域　　B. 重点人员

C. 重点资金　　D. 重点项目

54. 履行工会经审组织的职责，核心在于提高工会经审人员的素质和能力。这就要求各级工会经审人员务

必做到强化责任意识、（　）。

A. 掌握业务技能

B. 勇于实践创新

C. 培养协调能力

D. 严守职业纪律

55. 严格依法、（　）是对工会经审人员履行工会经审组织职责的法纪要求。

A. 正直坦诚

B. 客观公正

C. 勤勉尽责

D. 保守秘密

56. 工会经审会全委会会议在审查工会经费收支决算情况时，应把握（　）。

A. 年度收入预算完成情况

B. 工会资产监督管理总体情况

C. 上年度审查意见整改情况

D. 年度支出预算完成情况

57. 工会经审会全委会会议在审查工会资产监督管理情况时，应注意（　）。

A. 年度支出预算完成情况

B. 工会资产监督管理总体情况

C. 本级工会所属企事业单位资产运营和经营绩效情况

D. 上年度审查意见整改情况

58. 县以上工会经审会全委会会议审查的准备阶段，需要召开工会经审会主任办公会议确定工会经审会全委会会议（　）。

A. 召开日期

B. 将要审查的内容

C. 会议纪要

D. 会议议程

59. 县以上工会经审会全委会会议审查的后续阶段包括（　）。

A. 如有关部门对工会经审会的审查结论和决定不

服，可书面申请复查。复查结论和决定经工会经审会和工会主要领导批准下达后必须执行

B. 审查通过的经费收支决算（草案）和预算（草案），经工会经审会主任签字（盖章）生效，同时报上级工会经审会

C. 会议结束后，工会经审会办公室应及时撰写工会经审会全委会会议纪要，经工会经审会主任签字后，印发至工会经审会全体委员、同级工会主要领导、财务等相关单位和部门

D. 工会经审会办公室检查工会经审会决定和会议纪要的贯彻落实情况，及时督促有关单位和部门重视工会经审会全委会会议提出的审查意见和改进建议，积极做好整改工作

60. 建设单位向工会经审会提出审计申请后实施（　）。

A. 工会建设项目专项审计

B. 工会建设项目竣工结算复审

C. 工会建设项目跟踪审计

D. 工会建设项目竣工决算审计

61. 工会经审会依据审计工作计划实施（　）。

A. 工会建设项目跟踪审计

B. 工会建设项目竣工结算复审

C. 工会建设项目专项审计

D. 工会建设项目竣工决算审计

62. 内部控制审计应当在对内部控制全面评价的基础上，关注（　）的内部控制。

A. 一般业务单位　　B. 重要业务单位

C. 重大业务事项　　D. 高风险领域

63. 项目支出绩效审计应主要关注项目立项、（　）、资金管理和产出的经济性、效率性、效果性情况。

A. 支出　　B. 审核

C. 申报　　D. 实施

64. 当前工会政策落实跟踪审计尚处在起步阶段，开展好工会政策落实跟踪审计要把握（　）。

A. 项目组织方面　　B. 审计实施方面

C. 人员配置方面　　D. 政策创新方面

65. 工会政策落实跟踪审计的组织方式包括（　）。

A. 就某项政策措施落实情况单独立项开展跟踪审计

B. 工会建设项目跟踪审计

C. 工会领导干部经济责任审计

D. 结合其他审计项目开展跟踪审计

66. 工会审计程序主要包括编制年度审计项目计划、（　），每个阶段又包括若干审计步骤。

A. 审计准备　　B. 审计实施

C. 审计报告　　D. 审计后续阶段

67. 编制年度审计项目计划可以采取（　）的形式。

A. 文字　　B. 图形

C. 表格　　D. 文字、表格相结合

68. 审计通知书的内容主要包括被审计单位名称、（　）、审计组组长及其他成员名单和被审计单位配合审计工作的要求。

A. 审计依据　　B. 审计内容

C. 审计范围　　　　D. 审计起始时间

69. 审计证据主要包括（　）、环境证据等种类。

A. 实物证据　　　　B. 视听证据

C. 口头证据　　　　D. 书面证据

70. 审计人员可以采用审核、（　）、函证、计算和分析程序等取证方法向有关单位和个人获取审计证据。

A. 观察　　　　B. 访谈

C. 监盘　　　　D. 调查

71. 审计工作底稿的内容主要包括（　）；审核人员姓名、审核意见及审核日期并签名；索引号及页码；附件数量。

A. 审计项目名称

B. 审计事项名称

C. 审计过程和结论

D. 审计人员姓名及审计工作底稿编制日期并签名

72. 审计工作底稿记录的审计过程和结论主要包括（　）。

A. 实施审计的主要步骤和方法

B. 取得的审计证据的名称和来源

C. 审计认定的事实摘要

D. 得出的审计结论及其相关标准

73. 审计报告一般包括的基本要素有标题、文号（审计组的审计报告不含此项）、（　）、工会经审会名称（审计组名称及审计组组长签名）、签发日期。

A. 被审计单位名称　　B. 审计项目名称

C. 被审计人员姓名　　D. 内容

74. 工会经审会在出具审计报告、作出审计决定后，应当在规定的时间内检查或者了解被审计单位和其他有关单位的整改情况。工会经审会主要检查或者了解（　）。

A. 被审计单位执行审计决定的情况

B. 被审计单位对审计意见的整改落实情况

C. 被审计单位对审计建议的处理情况

D. 被审计单位对移送处理事项的落实情况

75. 抽查法是指从（　）的总体中抽取一定数量具有代表性的样本进行测试，以样本审查结果推断总体特征，并作出审计结论的一种审计方法。

A. 被审计单位　　B. 被审计对象

C. 企事业单位　　D. 工会经审会

76. 逆查法一般适用于（　）的单位。

A. 业务规模大　　B. 管理有序

C. 会计核算制度健全　D. 问题较多

77. 顺查法一般适用于（　）的单位。

A. 业务规模不大

B. 管理较为混乱

C. 会计核算制度不健全

D. 问题比较多

78. 审计抽样分为（　），审计人员应当根据审计目标的要求和审计对象的特征，选择不同的审计抽样方法。

A. 统计抽样　　B. 非统计抽样

C. 属性抽样　　D. 变量抽样

79. 分析程序主要包括（　）、回归分析等具体方法。

A. 比率分析　　B. 结构分析

C. 趋势分析　　D. 比较分析

80. 审计方法的选用原则包括（　）。

A. 根据审计对象和审计目标的具体情况选用审计方法

B. 根据不同的审计类型选用审计方法

C. 根据审计人员的素质选用审计方法

D. 根据审计方式选用审计方法

E. 根据审计结论的保证程度和审计成本选用审计方法

81. 广义的审计质量是指审计工作的质量，即审计工作总体质量，包括（　），由各级工会经审会负责审计质量控制。

A. 管理工作　　B. 政治工作

C. 业务工作　　D. 组织工作

82. 审计组成员的工作职责包括（　）。

A. 遵守《中国工会审计条例》和相关审计准则，保持审计独立性

B. 按照分工完成审计任务，获取审计证据

C. 如实记录实施的审计工作并报告工作结果

D. 完成分配的其他工作

83. 审计组成员应当对（　）承担责任。

A. 未按审计实施方案实施审计导致重大问题未被发现的

B. 未按照《中国工会审计条例》和相关审计准则的要求获取审计证据导致审计证据不适当、不充分的

C. 审计记录不真实、不完整的

D. 对发现的重要问题隐瞒不报或者不如实报告的

84. 审计组组长应当从（　）方面督导审计组成员的工作。

A. 将具体审计事项和审计措施等信息告知审计组

成员，并与其讨论

B. 检查审计组成员的工作进展，评估审计组成员的工作质量，并解决工作中存在的问题

C. 给予审计组成员必要的培训和指导

D. 协助组织实施审计

85. 工会经审会的工作职责包括（　）。

A. 审定审计项目目标、范围和审计资源的配置

B. 确定审计组组长人选，确定聘请外部人员事宜

C. 指导、监督审计组的审计工作

D. 复核并审定审计报告、审计决定等审计项目材料和审计信息

E. 审计管理中的其他重要事项

86. （　）对工会经审组织的领导体制、组织建设、制度建设、经费保障作出了原则规定。

A.《工会法》　　B.《中国工会审计条例》

C.《审计法》　　D.《中国工会章程》

87. 工会经审工作的领导保障主要来自（　）。

A. 党中央　　B. 工会委员会（常委会）

C. 同级党组织　　D. 上级工会经审会

88. 工会经审工作制度体系包括（　）。

A. 工会经审会组织制度

B. 工会经审会议事制度

C. 工会经审会业务工作制度

D. 工会经审会审计制度

89. 工会经审会业务工作制度包括（　）方面。

A. 审查制度　　B. 组织制度

C. 管理制度　　D. 审计制度

90. 《第2205号内部审计具体准则——经济责任审计》第十五条规定，经济责任审计可分为审计准备、审计实施、审计报告和后续审计四个阶段。其中，审计准备阶段主要工作包括（　）。

A. 组成审计组　　B. 开展审前调查

C. 编制审计方案　　D. 下达审计通知书

91. 《第2306号内部审计具体准则——内部审计质量控

制》第六条规定，内部审计质量控制分为（　）。

A. 内部审计项目质量控制

B. 审计方案的质量控制

C. 内部审计机构质量控制

D. 审计通知书的质量控制

92.《审计法》第二条规定，国家实行审计监督制度。坚持中国共产党对审计工作的领导，构建（　）的审计监督体系。

A. 集中统一　　B. 公正高效

C. 全面覆盖　　D. 权威高效

93.《第 2305 号内部审计具体准则——人际关系》第十二条规定，内部审计人员处理人际关系时采用的沟通方式包括（　）。

A. 口头沟通　　B. 人员沟通

C. 组织沟通　　D. 书面沟通

94.《第 2305 号内部审计具体准则——人际关系》第七条规定，内部审计人员在人际关系的处理中应当注意保持（　）。

A. 专业性　　B. 独立性

C. 主观性　　D. 客观性

95.《第2309号内部审计具体准则——内部审计业务外包管理》第六条规定，内部审计业务外包通常包括（　）形式。

A. 劳务外包　　B. 业务全部外包

C. 业务部分外包　　D. 业务技术外包

96.《第2308号内部审计具体准则——审计档案工作》第十七条规定，纸质审计档案主要包括（　）。

A. 案卷备考表　　B. 案卷封面

C. 卷内材料　　D. 卷内材料目录

97. 基层工会经审会与基层工会委员会在重大问题上意见不一致时，应同时报请（　）处理。

A. 上级工会经审会

B. 上级工会经审会办公室

C. 基层工会党组

D. 上级工会委员会

98. 工会预算执行情况审计的效益性是指经费收支、资产管理以及有关经济活动实现的（　）。

A. 环境效益　　B. 思想文化效益

C. 经济效益　　D. 社会效益

99. 编制年度审计项目计划要按照（　）的基本要求，合理安排审计项目。

A. 定期轮审

B. 频率适当

C. 审慎评价

D. 消除盲区

100. 审计人员编制的审计工作底稿应当经（　）复核。

A. 审计组组长

B. 工会经审会办公室主任

C. 工会经审会主任

D. 审计组主审

参考答案

一、单项选择题

1. A	2. B	3. C	4. B	5. D
6. D	7. A	8. A	9. A	10. D
11. C	12. A	13. B	14. D	15. A
16. B	17. B	18. A	19. B	20. D
21. C	22. A	23. B	24. C	25. A
26. C	27. D	28. A	29. B	30. A
31. A	32. D	33. A	34. C	35. C
36. A	37. D	38. C	39. A	40. A
41. A	42. B	43. D	44. D	45. A
46. C	47. C	48. A	49. B	50. D
51. C	52. A	53. B	54. B	55. B
56. A	57. C	58. C	59. A	60. B
61. B	62. A	63. C	64. C	65. C

66. B	67. A	68. C	69. B	70. D
71. A	72. A	73. C	74. C	75. C
76. A	77. D	78. D	79. A	80. C
81. B	82. C	83. B	84. A	85. B
86. A	87. B	88. B	89. B	90. A
91. D	92. D	93. B	94. A	95. B
96. A	97. C	98. C	99. A	100. C
101. A	102. D	103. A	104. D	105. A
106. C	107. D	108. A	109. A	110. C
111. B	112. B	113. B	114. A	115. C
116. B	117. A	118. C	119. C	120. D
121. D	122. A	123. A	124. B	125. A
126. A	127. C	128. D	129. B	130. C
131. A	132. B	133. B	134. A	135. A
136. D	137. D	138. C	139. C	140. D
141. A	142. B	143. C	144. A	145. D
146. A	147. C	148. A	149. A	150. C
151. D	152. B	153. C	154. A	155. B

156. B	157. D	158. C	159. C	160. A
161. C	162. A	163. A	164. C	165. B
166. C	167. D	168. D	169. C	170. C
171. B	172. C	173. C	174. B	175. C
176. D	177. C	178. B	179. A	180. A
181. B	182. A	183. C	184. C	185. D
186. D	187. C	188. C	189. C	190. B
191. A	192. C	193. B	194. C	195. B
196. C	197. A	198. D	199. A	200. C

二、多项选择题

1. ABD	2. ABC	3. ABCD	4. ABC
5. ABCD	6. ABCD	7. ABCD	8. BC
9. ABC	10. BCD	11. ABCDE	12. ABCDE
13. ABC	14. AC	15. BD	16. CD
17. ABC	18. ACD	19. ABC	20. ABD
21. ABCD	22. ABCD	23. ABCDE	24. ABCDE
25. AB	26. ABC	27. ABC	28. AB
29. ABCD	30. ABCD	31. ABCD	32. ABCD
33. AD	34. BC	35. ABC	36. AD
37. AB	38. ABCD	39. AC	40. ABCD
41. BCD	42. CD	43. ABCDE	44. ABCDE
45. ABCDE	46. ABCD	47. ABC	48. ABCD
49. ABCD	50. ABCD	51. AB	52. ABD

53. ACD	54. ABCD	55. ABCD	56. AD
57. BCD	58. ABD	59. ABCD	60. CD
61. BC	62. BCD	63. CD	64. AB
65. AD	66. ABCD	67. ACD	68. ACD
69. ABCD	70. ABCD	71. ABCD	72. ABCD
73. ABD	74. ABCD	75. AB	76. ABC
77. ABCD	78. AB	79. ABCD	80. ABCDE
81. AC	82. ABCD	83. ABCD	84. ABC
85. ABCDE	86. ABD	87. ABCD	88. ABC
89. AD	90. ABCD	91. AC	92. ACD
93. AD	94. BD	95. BC	96. ABCD
97. AD	98. ACD	99. ABD	100. AD